L'AUTRE PART DU DIABLE

OU

LE TALISMAN DU MARI

COMÉDIE EN UN ACTE, MÊLÉE DE CHANT,

Par M. Varner

Représentée pour la première fois, à Paris, sur le Théatre du Palais-Royal,
le 10 juillet 1843.

PRIX : 40 CENTIMES.

PARIS

BECK, ÉDITEUR

Rue Saint-André-des-Arts, 21

TRESSE, successeur de J.-N. BARBA, Palais-Royal

1843

THÉÂTRE DU PALAIS-ROYAL

L'AUTRE PART DU DIABLE

ou

LE TALISMAN DU MARI

Comédie en un acte, mêlée de chant,

Par M. [illegible]

Représentée pour la première fois, à Paris, sur le Théâtre du Palais-Royal,
le 10 juillet 1858.

Prix : 30 centimes.

PARIS

BECK, ÉDITEUR

Rue Saint-André-des-Arts, 71

successeur de J.-N. Barba, place [illegible]

1858

L'AUTRE PART DU DIABLE,

OU

LE TALISMAN DU MARI,

COMÉDIE EN UN ACTE, MÊLÉE DE CHANT,

PAR M. VARNER,

Représentée pour la première fois, à Paris, sur le théâtre du Palais-Royal, le 10 juillet 1843.

— ⬥⬥⬥ —

DISTRIBUTION :

LE DUC DE BOURGOGNE............................	MM. GERMAIN.
MARCEL AUBRIOT, maître tapissier...................	SAINVILLE.
HERMINGILDE, sa femme............................	Mlles PERNON.
GENEVIÈVE, sa nièce..............................	ÉMILIE.
OLIVIER, clerc de la bazoche........................	MM. BERGER.
MAITRE JÉROME FAUSSET, huissier du palais.........	GRASSOT.

La scène est à Dijon, quelques années après la mort de Charles-le-Téméraire.

Le théâtre représente une salle gothique. Une porte au fond, à droite; une croisée à renfoncement à gauche, également au fond; deux portes sur le deuxième plan, l'une à droite avec un œil-de-bœuf, l'autre à gauche; une table, à gauche au premier plan, deux fauteuils, l'un à gauche, à côté de la table, l'autre à droite, premier plan. Une horloge en bois, dite coucou, au fond, entre la croisée et la porte. — Fauteuils, chaises.

SCÈNE I.

(Il fait nuit.)

OLIVIER, *entrant par la fenêtre.*

Geneviève ! Geneviève !... Je ne la vois pas ; je n'entends rien.... Pourvu qu'elle ait compris les signes que je lui faisais, quand elle a paru à sa fenêtre... Il faut absolument que je lui parle, que je lui confie mes projets... je suis décidé à faire un coup de tête !... Je m'ennuie d'être clerc de la bazoche; il n'y a rien à gagner dans cet état-là.... tandis que l'oncle de Geneviève, maître Aubriot le tapissier, a une fortune, une maison montée, et une jolie femme... Il en a même eu deux, car il en est à la seconde... Ah ! si celle-là voulait, mon mariage serait bientôt conclu... Mais elle refuse de me recevoir... elle est si fière de sa beauté et de sa vertu !.. elle en abuse... elle ne veut pas qu'on lui parle d'amour, même pour le compte de sa nièce ! Ce n'est pas juste ; elle n'a pas toujours été tante. *(Remontant la scène vers la porte du fond.)* Ah ! mon Dieu, qu'est-ce que j'entends !... il ne faut pas qu'on me surprenne ! *(Il se cache dans le coucou.)*

SCÈNE II.

OLIVIER, LE PRINCE.

LE PRINCE, *entrant par la porte du fond et parlant à la cantonnade.*

Bien !.. tenez-vous-là, sans bruit, à l'écart, mais soyez attentifs... et au premier coup de sonnette, vous paraitrez!...." Avançons avec précaution...

OLIVIER, *à part.*

Quel est ce Monsieur?

LE PRINCE.

C'est de ce côté que doit être son appartement.

OLIVIER, *à part.*

Viendrait-il aussi pour Geneviève?

LE PRINCE.

M'y voici. (*Il frappe doucement à la porte à gauche.*)

HERMINGILDE, *dans la coulisse.*

Qui est-là?

LE PRINCE, *à part, avec joie.*

C'est sa voix!.. (*Haut.*) Ouvrez!

OLIVIER, *à part.*

Il parait qu'il ne vient pas pour Geneviève.

SCÈNE III.

LE PRINCE, HERMINGILDE, *ayant à la main une lumière qu'elle pose sur la table.*

(*Le théâtre est éclairé.*)

HERMINGILDE, *avec beaucoup d'étonnement.*

Vous ici, Monseigneur? Qui vous a donné le droit?..

LE PRINCE.

Ah! vous le savez bien, l'amour que j'ai pour vous...

HERMINGILDE.

Et que je ne veux, que je ne dois pas entendre... à cette heure, surtout!.. Songez que ma réputation...

LE PRINCE.

Je mourrais plutôt que de la compromettre!

HERMINGILDE.

Et mon mari?

LE PRINCE.

Il est absent pour toute la nuit... il est allé à quelques lieues de Dijon, pour tâcher d'emprunter de l'argent.

HERMINGILDE.

Qui vous l'a dit?

LE PRINCE.

Est-ce que je ne sais pas tout? Est-ce que je ne fais pas épier ses démarches et les vôtres? Est-ce que je serais ici, dans votre maison, si un de vos gens, gagné par moi, ne m'en avait donné les moyens?

HERMINGILDE.

Je le chasserai!

LE PRINCE.

J'en gagnerai un autre. Quand on a de l'or, et j'en ai, quand on est prince, on surmonte tous les obstacles. Il n'y a d'invincible que celui que je trouve dans votre volonté.

HERMINGILDE.

Et dont vous auriez tort de vous plaindre : c'est le seul lien qui vous attache à moi. Déjà, depuis longtemps, vous m'auriez oubliée, si j'a-

vais prêté l'oreille à vos douces paroles. Mais la femme d'un tapissier, une humble bourgeoise, qui ose résister à l'héritier des ducs de Bourgogne!.. C'est si rare, et les belles dames de la cour ne vous y ont pas habitué!

AIR : Je n'ai jamais dans cette vie...

Votre naissance. Altesse que vous êtes,
Au trône, un jour, vous appelle chez nous;
Mais régner, par droit de conquête,
Sur la beauté, vous semble bien plus doux.
Et Monseigneur, qui sait que par la suite
Il doit subir de pénibles grandeurs,
Pour faire aimer le règne qu'il médite,
Veut s'essayer à gagner tous les cœurs.

LE PRINCE.

Ah! cessez d'ajouter la raillerie à toutes vos cruautés! Je vous aime, voyez-vous, comme je n'ai jamais aimé! et vous régneriez bien plus encore sur mon cœur, si vous en aviez accepté l'hommage.

HERMINGILDE.

Je n'en ferai pas l'épreuve.

LE PRINCE.

Pourquoi? Je vous rendrais riche et puissante, sans compromettre votre vertu... Entourée d'amour et de mystère, vous commanderiez en secret... vous disposeriez de mon pouvoir, de mes trésors...

HERMINGILDE.

Qui, moi?.. jamais!

LE PRINCE.

Si ce n'est pour vous, au moins pour votre mari... vous ignorez ce que je sais, que le désordre est dans ses affaires...

HERMINGILDE

O ciel!

LE PRINCE.

Qu'aujourd'hui même on le poursuit pour vingt écus d'or, et que, dans sa folie, il demande à la sorcellerie des secours qu'il ne devrait attendre que de son industrie et de son travail... qu'il passe dans son laboratoire des heures qu'il devrait passer dans sa boutique... L'insensé court à sa ruine!.. Et quand d'un mot vous pourriez combler tous ses vœux et les miens...

HERMINGILDE.

Cessez de me parler ainsi!.. Pour vous, ce ce n'est qu'un jeu, et pour moi, qui vous écoute, si j'avais l'imprudence de vous croire, je sens que j'en mourrais!

LE PRINCE.

Que dites-vous?

HERMINGILDE.

Rien, Monseigneur... partez!

LE PRINCE.

Vous me permettrez au moins de vous écrire.

HERMINGILDE.

J'ai brûlé vos lettres, je les brûlerais encore.

LE PRINCE.

Mais vous porterez le bracelet auquel mon portrait est attaché?

HERMINGILDE.

J'ai dû le briser, Monseigneur.

LE PRINCE.

Ah ! c'en est trop !.. vous avez juré de me dé-
sespérer !..

AUBRIOT, *en dehors, frappant et appelant.*

Geneviève !.. Geneviève...

HERMINGILDE, *avec effroi.*

C'est la voix de mon mari !

LE PRINCE.

Lui qui revient !... Et moi qui comptais souper en tête-à-tête avec vous !

HERMINGILDE.

Quel audace !... vous oseriez ?

LE PRINCE.

Mon Dieu ! tout est prêt.

HERMINGILDE.

Et vous avez pu croire que j'accepterais ?...

GENEVIÈVE, *à la porte de gauche, en dehors.*

Ma tante ! ma tante !

HERMINGILDE.

Ils vont venir !

LE PRINCE.

Où me cacher ?

HERMINGILDE.

Dans cette galerie, où est le laboratoire.... Il
y a, au fond, une porte qui donne sur le jar-
din.

LE PRINCE.

Oui, Madame ! (*Il entre précipitamment à
droite.*)

HERMINGILDE, *seule en scène.*

Ah ! mon Dieu !.. on a retiré la clef !

SCÈNE IV.

LE PRINCE et OLIVIER, *cachés,*
GENEVIÈVE, HERMINGILDE.

GENEVIÈVE.

Ma tante !.. ma tante !.. vous n'avez pas entendu ?

HERMINGILDE.

Quoi ?.. Est-ce que l'on a frappé ?..

GENEVIÈVE.

A coups redoublés..... Vous vous étiez donc
endormie ?

HERMINGILDE.

C'est possible.

GENEVIÈVE.

Vous aurez même fait quelque mauvais rêve ;
car vous paraissez toute troublée !

HERMINGILDE.

C'est bon : taisez-vous.

SCÈNE V.

GENEVIÈVE, AUBRIOT, JÉROME,
HERMINGILDE.

AUBRIOT, *à Jérôme.*

Entrez, compère !.. Ma femme et ma nièce,
je vous amène, mon digne ami, maitre Jérôme

Fausset, huissier de Son Altesse, et que ses
fonctions mettent en rapport avec ce qu'il y a
de plus élevé.

JÉRÔME.

C'est vrai... je ne sors pas des nobles et des
seigneurs... Il y a des jours où je suis fatigué
de répéter : M. le baron !.... M. le comte !....
M. le duc !... Sans doute, c'est flatteur à pro-
noncer, mais on ne me laisse jamais dire autre
chose.

AUBRIOT.

C'est fâcheux, vous qui êtes si aimable !..

JÉRÔME, *avec modestie.*

Oh ! de l'esprit naturel... A la cour, tout le
monde en a... c'est l'usage.

Air du Parnasse des dames.

Là, je me trouve à bonne école
Pour les bons mots et la gaîté.

AUBRIOT.

Vous prenez part au monopole.

JÉROME.

C'est presque une nécessité.
Là, chaque grand seigneur apporte
Tout son esprit le plus brillant ;
Et moi, qui me trouve à la porte,
Toujours j'en attrape en passant.

GENEVIÈVE, *à Aubriot, bas.*

Dieu ! qu'il est laid !

AUBRIOT, *de même.*

Ça lui sied... ça lui donne un air distingué.

GENEVIÈVE, *de même.*

J'aimerais mieux qu'il eût l'air commun.

AUBRIOT, *de même.*

Tu n'as pas de goût. (*A Hermingilde.*) Ah !
ça, femme, tu ne nous dis rien ? *

HERMINGILDE.

Parce que... je suis mécontente... Pourquoi
m'avoir dit de ne pas vous attendre ?..

AUBRIOT.

J'allais à Mirebeau voir un ami, un confrère,
auquel je voulais emprunter de l'argent ; je l'ai
rencontré aux portes de la ville, et il m'a dit
qu'il ne pouvait rien pour moi.

HERMINGILDE.

C'est très-avantageux.

AUBRIOT.

Ça épargne les frais de voyage... Mais, laisse-nous ; j'ai à causer avec le compère de choses que tu ne peux pas savoir...

HERMINGILDE.

Mais que je devine... Vos affaires vont mal.

AUBRIOT, *étonné.*

Qui te l'a dit ?

HERMINGILDE.

Je le sais... Vous êtes poursuivi pour vingt
écus d'or.

AUBRIOT.

Ma femme, qui a pu t'informer ?.....

HERMINGILDE.

Que vous importe ?.. Sous prétexte que maitre Jérôme a étudié, qu'il sait lire dans les li-

* Geneviève, Jérôme, Aubriot, Hermingilde.

vres de grimoire, vous vous enfermez avec lui, vous vous occupez de sciences occultes, de la recherche du grand œuvre.

JÉROME, *à mi-voix à Aubriot.*
Est-ce qu'elle se mêlerait aussi de sorcellerie ?

HERMINGILDE, *continuant.*
Vous négligez votre commerce.... vous n'y êtes jamais... et vous n'avez personne pour vous aider.

AUBRIOT.
J'attends quelqu'un... J'ai demandé un commis.

HERMINGILDE.
Qui va vous coûter de l'argent.

AUBRIOT.
Non, qui m'en fera gagner...C'est notre oncle qui doit me l'envoyer, et il m'a promis de bien le choisir..... Ainsi, tranquillise-toi, et laisse-nous.

HERMINGILDE.
Pour que vous alliez encore brûler du charbon dans votre laboratoire.

AUBRIOT.
Je n'y entrerai pas.

HERMINGILDE.
Vous me promettez ?

AUBRIOT.
Je te le jure.

HERMINGILDE.
A la bonne heure... mais ne gardez pas trop longtemps le compère.

AUBRIOT.
Il serait déjà parti si tu l'avais voulu.

HERMINGILDE, *en s'en allant.*
Suis-moi, Geneviève. *(Elle entre à gauche.)*

JÉROME, *à mi-voix, à Aubriot.*
Mon ami, j'ai fasciné ta charmante nièce... elle n'ose plus lever les yeux sur moi. *(Il jette un baiser à Geneviève.)*

GENEVIÈVE, *près de la porte, à part.*
C'est un singe que cet homme-là ! *(Elle entre à gauche.)*

SCÈNE VI.
JÉROME, AUBRIOT.

AUBRIOT.
Ah ! ça, compère, vous voyez que ma femme sait tout, le désordre de mes affaires, les vingt écus d'or qu'on viendra me réclamer, et la suite... Il faudra payer tout ça.

JÉRÔME.
Patience ! patience !

AUBRIOT.
Oui, patience !.. voilà plus d'une année que j'attends, et rien ne vient..... que mes créanciers... qui sont beaucoup trop exacts.

JÉRÔME.
Tant pis pour eux !... Faites ce que je vous dirai.

AUBRIOT.
Je l'ai fait... Vous m'avez demandé de vous meubler un appartement, je vous l'ai meublé... de vous donner un juste-au-corps de velours, je vous l'ai donné...

JÉRÔME.
Il est même usé.... si bien qu'aujourd'hui, c'est exactement comme si je ne l'avais pas eu... il m'en faudra un second.

AUBRIOT.
Vous l'aurez... En échange de tout cela vous devez m'initier aux secrets de l'art cabalistique, me mettre en rapport avec la puissante Cornélia...

JÉRÔME, *ôtant son bonnet.*
Saluez !..

AUBRIOT.
Ah !.. oui... me mettre en rapport avec la puissante Cornélia... *(Ils saluent tous deux)* la sœur de Belzébuth, celle que les Bourguignons invoquent dans toutes leurs mauvaises affaires.

JÉRÔME.
Justement... j'ai pensé à vous... *(Lui présentant un livre.)* Je vous apporte un grimoire...

AUBRIOT, *reculant.*
Un grimoire !..

JÉRÔME.
Oui *(A part.)* Un livre latin que j'ai pris au hasard dans la bibliothèque du prince.

AUBRIOT.
Est-ce que je puis y toucher ?

JÉRÔME.
Certainement. C'est un livre d'évocations .. quand vous saurez y lire, il suffira de dire à haute voix : Cornélia, parais !

AUBRIOT.
Et elle paraîtra ?

JÉRÔME.
A l'instant même... Mais il faut connaître le grimoire... nous l'étudierons ensemble.

AUBRIOT.
Quand ?

JÉRÔME.
Dès ce soir, si vous voulez.

AUBRIOT.
Si je le veux !

JÉRÔME.
Et nous continuerons demain, après-demain, et ainsi de suite... à l'heure du souper.

AUBRIOT.
C'est dit.

JÉRÔME.
Je cours au palais, où il y a une foule de ducs et de barons qui m'attendent pour entrer : car on n'arrive au prince que par moi.

AUBRIOT.
La jolie place que vous avez là !

JÉRÔME.
Et importante !.. S'il me survenait tout-à-coup une extinction de voix, que deviendrait le Gouvernement ?... Plus de réceptions, plus de cour.... tous les rouages seraient arrêtés. *(Il tousse.)*

AUBRIOT.
Heureusement que vous jouissez de tous vos moyens.

JÉRÔME, *toussant.*
Mais oui... j'ai un organe assez majestueux.

Air du Brasseur de Preston.

Allons, il est temps de partir!

AUBRIOT.

Jusqu'au revoir, compère!
Mais, tâchez de nous revenir!

JÉROME

A bientôt, je l'espère.

AUBRIOT.

Sans souper vous quittez ces lieux ?

JÉROME.

Mon état me l'ordonne:
Il faut que le ventre soit creux
Pour que la voix résonne.

ENSEMBLE.

JÉROME.

Allons, il est temps de partir;
Mais sans adieu, compère:
Car je compte vous revenir,
Et bientôt, je l'espère.

AUBRIOT.

Adieu! puisqu'il vous faut partir,
Tâchez au moins, compère,
De promptement nous revenir....
A bientôt, je l'espère.

*Aubriot reconduit Jérôme jusqu'à la porte du fond.
Il disparaît un instant.*

SCÈNE VII.

AUBRIOT, OLIVIER, LE PRINCE.

OLIVIER, *entr'ouvrant la porte du coucou.*
L'appartement n'est pas commode... je suis
tout engourdi.

LE PRINCE, *même jeu, à droite.*
J'espère qu'ils ont cessé de me tenir bloqué,
et je vais...

AUBRIOT, *rentrant, et montrant le livre qui est
sur la table à gauche où Jérôme l'a posé.*
Voilà toujours un à-compte sur ses pro-
messes.

LE PRINCE.
O ciel! le mari! (*Il referme la porte, Olivier
de même.*)

AUBRIOT.
Hein!... Je ne sais si les oreilles me tintent,
ou si c'est l'effet du sortilège, mais il me semble
que je ne suis pas seul... Je ne vois pourtant
personne; mais ce ne serait pas une raison...
quand on est ensorcelé, il vous arrive des choses dont on ne se serait jamais douté... Le compère Jérôme me recommande la patience; mais
quand on attend depuis si longtemps, on se sent
possédé d'une curiosité, d'un désir immodéré
de connaître... Je ne sais si c'est une inspira-
tion du diable, mais je meurs d'envie de lire
dans ce grimoire... Ma foi, oui!... mais au-
paravant, prenons nos précautions. (*Il va fer-
mer la porte du fond.*)

LE PRINCE, *passant sa tête.*
Qu'est-ce qu'il va faire?

OLIVIER, *se montrant au trou du coucou.*
Il nous enferme!

AUBRIOT.
Maintenant, on ne viendra pas me troubler
dans ma lecture.

LE PRINCE.
Comment sortir d'ici?

AUBRIOT, *s'approchant de la table en tremblant.*
Je suis ému!..... (*Il prend le livre avec
crainte, il l'ouvre à la première page.*) Je n'y
vois rien .. que des caractères indéchiffrables...
Non, pourtant!... il me semble que je m'y
fais. (*Épelant.*) « Vir... gilii... opera... »
Ça doit être du grec... Essayons de procéder à
une évocation... (*Ouvrant le livre plus loin.*)
Prenons une ligne au hasard... la première...
(*Il lit. Trémolo à l'orchestre.*) « Tityre, tu pa-
« tulæ recubans sub tegmine fagi. » (*Élevant la
voix.*) Parais, Cornélia, parais!

LE PRINCE, *ouvrant violemment la porte du
laboratoire *.

Air de la Clochette.

Me voilà !

AUBRIOT, *faisant un geste de frayeur et renversant
la lumière.*

(*Il fait nuit.*)
La voilà !

LE PRINCE.
J'accours dès qu'on m'appelle.
Me voilà !

AUBRIOT.
Elle est là !

LE PRINCE.
Qu'attends-tu de mon zèle ?
Eh bien ! voyons ?...

AUBRIOT.
Je tremble, je chancèle.

LE PRINCE.
Me voilà !

AUBRIOT.
Elle est là !
Oh ! là là !

LE PRINCE, *d'une voix forte.*
Me voilà !

AUBRIOT, *à part.*
C'est singulier ! j'évoque une femme, et à la
voix, on dirait que c'est un homme qui est
venu... C'est que je ne suis pas encore bien
fort... j'aurai pris l'un pour l'autre, ou peut-
être que Cornélia est enrhumée... Il fait si
chaud dans l'endroit qu'elle habite, et quand on
s'expose après ça au grand air...

LE PRINCE.
Que dis-tu?

AUBRIOT.
Que, puisque je t'ai évoquée, non sans peine
et sans peur, je vais te faire connaître ce qu'il
me faut et ce que je veux.

LE PRINCE, *à part, avec embarras.*
Ah ! diable !

* Aubriot, le Prince.

AUBRIOT.

Je veux d'abord...

LE PRINCE.

Un instant!... tu n'as pas le droit de me commander, à moi, la sorcière Cornélia!... En ma qualité de femme, je n'obéis qu'à une personne de mon sexe.

AUBRIOT.

Comment?

LE PRINCE.

Et si tout autre qu'une femme osait entrer là, dans ton laboratoire, où j'établis mon domicile, je lui tordrais le cou!

AUBRIOT.

Ah! il n'y a qu'une femme qui puisse vous commander?..... (*A part.*) Me voilà bien avancé!

LE PRINCE, *voyant ouvrir la porte de gauche.*
Dieu! (*Il rentre dans le laboratoire.*)

SCÈNE VIII.

AUBRIOT, HERMINGILDE.

HERMINGILDE, *entrant avec précaution, à part.*
J'ai vu s'éloigner maître Jérôme... je puis faire sortir le prisonnier... (*Elle s'approche de la porte à droite.*) Dieu! qu'il fait noir!

AUBRIOT, *s'avançant du même côté.*

C'est ma femme!

HERMINGILDE.
Encore là!... et sans lumière!

AUBRIOT,

Qui t'amène?

HERMINGILDE, *avec embarras et contrainte.*
Une nouvelle... une mauvaise nouvelle que j'ai à vous apprendre. Notre oncle vient d'envoyer dire qu'il ne fallait pas compter sur le commis que vous lui aviez demandé.

AUBRIOT.

Bah!

HERMINGILDE.
Où en trouver un maintenant?

AUBRIOT.
Où?... ça ne sera pas bien difficile... Et puisque te voilà, viens ici *..... Toi qui es femme et qui ne risques rien... répète avec moi, tout haut, ce que je vais te dire : Je veux pour mon mari un commis, qui mange peu, travaille beaucoup...

HERMINGILDE.
Mais, Monsieur...

AUBRIOT.
Qui lui fasse gagner beaucoup d'argent, et ne demande pas de gages.

LE PRINCE, *à part.*
Voilà la sorcière un peu embarrassée.

AUBRIOT.

Eh bien?

* Hermingilde, Aubriot.

HERMINGILDE.
Permettez, je ne comprends pas...

AUBRIOT.
Tu n'as pas besoin de comprendre... ça me regarde... Une fois en ta vie tu ne peux pas m'obéir?... Ça n'est pas difficile de dire : Je veux un commis..... Mais tu ne veux pas dire ça!

HERMINGILDE, *impatientée.*
Eh! si, Monsieur!... * (*Élevant la voix.*) Je veux un commis...

SCÈNE IX.

AUBRIOT, OLIVIER, HERMINGILDE.

OLIVIER, *sortant du coucou.*

Même air que le précédent.

Me voilà!

AUBRIOT, *avec joie.* **HERMINGILDE ET LE PRINCE** *avec étonnement.*

Le voilà!

AUBRIOT.

Qui vient à ma prière.
OLLIVIER.
Me voilà.
AUBRIOT.
Il est la!

LE PRINCE ET HERMINGILDE.
Quel est donc ce mystère.

OLLIVIER.
, Pour vous aider dans tout ce qu'il faut faire,
Me voilà!

LES TROIS AUTRES.
Le voilà!

LE PRINCE, *à part.*
Un homme caché!... Serait-ce un amant?

GENEVIÈVE, *en dehors, porte de gauche.*
Ma tante! ma tante!... où êtes-vous donc?
AUBRIOT, *élevant la voix.*
Par ici, Geneviève! (*A part, tandis que le prince ferme sa porte.*) Nous allons voir la figure de Cornélia! (*Il prend le flambeau des mains de Geneviève qui entre.*)

(*Il fait jour.*)
GENEVIÈVE, *reconnaissant Olivier.*
Dieu! c'est lui!

AUBRIOT, *se retournant.*
Disparue! elle est rentrée chez elle!
(*Il pose la lumière sur la table; Aubriot s'approche timidement d'Olivier, puis recule d'un pas; il avance sa main, puis la retire, Olivier s'en empare et la secoue rudement.*)

SCÈNE X.

GENEVIÈVE, AUBRIOT, OLIVIER, HERMINGILDE.

HERMINGILDE.
Quel est ce jeune homme?

* Aubriot, Hermingilde.

OLIVIER.

Cher maître !...

AUBRIOT.

Cher commis... Il paraît très-bien constitué... il a une poigne d'enfer !

OLIVIER.

A votre service.

AUBRIOT.

Comme il remuera les étoffes et les meubles !

GENEVIÈVE.

Comment, Monsieur serait...

AUBRIOT.

Eh ! oui, c'est notre commis, qui nous est arrivé tout-à-l'heure.

GENEVIÈVE.

Ah !

AUBRIOT.

Il n'est pas mal, n'est-ce pas ?

GENEVIÈVE.

Je le trouve très-bien.

AUBRIOT, *à part.*

Elle est sous le charme.

HERMINGILDE, *à part.*

Voilà qui est bien extraordinaire !.. (*Haut.*) Mais d'où vient-il * ?

AUBRIOT.

Tu me le demandes? et c'est toi qui l'as fait venir !

HERMINGILDE.

Quels sont ses répondants?

AUBRIOT.

Monsieur te le dira.

OLIVIER.

Oui, Madame. (*A voix basse.*) Je ne dirai pas que le prince est ici.

HERMINGILDE.

O ciel !

AUBRIOT.

Il te l'a dit?

HERMINGILDE, *tremblante.*

Monsieur !...

AUBRIOT, *à mi-voix*

Il ne faut pas trembler pour ça... le tout est de ne pas le répéter... que ça reste entre nous.

HERMINGILDE, *à part.*

Quelle contrainte !

GENEVIÈVE.

Ainsi, vous le prenez en qualité de commis?

AUBRIOT.

C'est entendu.

GENEVIÈVE, *timidement.*

Il demeurera?..

AUBRIOT.

Ici... avec nous.

GENEVIÈVE.

Et ses appointements?

OLIVIER.

Je n'en veux pas !

AUBRIOT, *à sa femme.*

Hein?.. est-ce que ton oncle nous en aurait envoyé un pareil? On voit bien que ce commis arrive de l'autre monde !

OLIVIER.

Il ne me faut que le logement et la table.

AUBRIOT.

C'est trop juste; et, à propos de ça, il ne sera peut-être pas fâché de souper?

OLIVIER.

Non, maître.

AUBRIOT.

Ni moi non plus... Femme, donne-nous à souper ?

HERMINGILDE.

On ne vous attendait pas : il n'y a rien.

AUBRIOT.

N'est-ce que cela?.. Tu as vu comment ça se faisait : entre dans cette pièce.

HERMINGILDE.

Moi, Monsieur?

AUBRIOT.

Et dis à haute voix: je veux un souper!.. un bon souper!.. pendant qu'on y est, ça ne coûte pas plus!

HERMINGILDE.

Non, Monsieur !

AUBRIOT.

Comment ! quand je te l'ordonne !..

HERMINGILDE.

Je n'irai pas !

AUBRIOT.

Est-elle entêtée !.. Heureusement qu'il y a ici une autre femme... Geneviève !..

GENEVIÈVE.

Mon oncle * ?

AUBRIOT.

Viens ici !

GENEVIÈVE.

Oui, mon oncle !

OLIVIER, *à part.*

Ah ! mon Dieu ! (*Il fait des signes à Gene-viève*)

GENEVIÈVE, *à part.*

Qu'est-ce qu'il a donc ?

AUBRIOT.

N'aie pas peur !... et dis à haute voix : je veux un souper...

GENEVIÈVE, *à part, après les avoir tous regardés.*

Sont-ils drôles ! (*Haut, s'approchant du laboratoire.*) Je veux un souper !.. (*Olivier, qui s'est emparé de la sonnette qui est sur la table, l'agite vivement. La porte du fond s'ouvre, deux valets apportent une table servie, et se retirent.*)

AUBRIOT, *transporté de joie.*

Air : Fragment de la Part du Diable (Sorcellerie et Diablerie).

C'est admirable !
Presque incroyable !
Voici la table !
De mets nombreux
Elle est garnie !
Leur symétrie
Que j'apprécie
Charme les yeux !

<hr>

* Geneviève, Aubriot. Hermingilde, Olivier.

* Hermingilde, Olivier, Aubriot, Geneviève.

GENEVIÈVE, *à Aubriot.*

Mais que veut dire et que signifie ?
Mon oncle...

AUBRIOT.

           Pas de questions !

GENEVIÈVE, *à Hermingilde* *.

Le savez-vous ?

HERMINGILDE, *à mi-voix.*

           Paix ! je t'en prie !...

GENEVIÈVE, *à Olivier.*

Dites-moi ?...

OLIVIER.

           Silence ! et soupons !

(*Ils se mettent à table.* **)

AUBRIOT.

Votre figure à tous s'est rembrunie,
Afin d'égayer le festin,
Chantons à l'envie ce refrain.

AIR : Vive, vive l'Italie.

Vive, vive la magie !
Vive la sorcellerie !
De sa puissance infinie,
Heureux qui connaît
     L'effet.

TOUS.

Vive, vive la magie, etc.

(*L'air continue à l'orchestre.*)

HERMINGILDE, *à part, parlé.*

Quel tourment de songer qu'il est toujours là !

AUBRIOT.

Hein ?

OLIVIER, *à Geneviève.*

Il me semble que vous ne mangez pas !

GENEVIÈVE.

Je ne puis... je suis si interdite, si troublée !...

AUBRIOT.

C'est étonnant !... je sens doubler mon appé-
tit... j'en ai pour tout le monde.

TOUS.

Reprise du chœur.

Vive, vive la magie, etc.

SCÈNE XI.

LES PRÉCÉDENTS, MAÎTRE JÉROME.

JÉROME, *entrant par la porte du fond.*

Eh ! mais, par saint Antoine ! il me semble
que vous soupez ?

AUBRIOT.

Oui, compère ; nous buvons même d'excellent
vin. Veuillez en accepter un verre.

JÉROME, *se mettant à table* ***.

J'en prendrai deux... je ne sais pas faire les
choses à demi.

* Hermingilde, Geneviève, Olivier, Aubriot.
** Geneviève, Aubriot, Olivier, Hermingilde.
*** Geneviève, Jérôme, Aubriot, Olivier, Hermingilde.

AUBRIOT, *lui versant à boire.*

A votre santé !

JÉROME.

A celle de ces dames ! (*Après avoir bu.*) En
effet, c'est du Bourgogne le plus pur... Comme
il est chaud !

AUBRIOT, *à part.*

Ce n'est pas étonnant, avec la cave d'où il
vient !

JÉROME, *tendant son verre.*

Encore... je veux me monter la tête pour
être aimable.

AUBRIOT.

Et la réception de ce soir ?

JÉROME.

Elle n'a pas eu lieu... au grand scandale de
la cour... le prince n'était pas au palais.

HERMINGILDE.

Je ne vois rien là de bien extraordinaire.

JÉROME.

Comment ? lorsque toute la noblesse est con—
voquée ?... mais c'est un affront... On a essayé
de dire que le prince était à la chasse.

HERMINGILDE.

C'est très-probable.

JÉROME.

Allons donc !..... à onze heures du soir !.....
(*D'un air qui veut être fin.*) Il n'y a qu'un gi-
bier qu'on chasse la nuit... c'est la beauté.

AUBRIOT, *riant de complaisance.*

Eh ! eh ! eh !...

JÉROME.

Et je soupçonne qu'une galante aventure...

HERMINGILDE, *avec pruderie.*

Monsieur !

AUBRIOT.

Je suis tout-à-fait de cet avis-là !

JÉROME.

D'autant plus qu'on prétend que notre jeune
duc est amoureux fou d'une belle qui lui ré-
siste... Mais, elle a beau faire, il triomphera.

HERMINGILDE.

Peut-être.

JÉROME.

J'en suis sûr... Le prince est fort aimable ; et,
bien que la femme ait un mari...

AUBRIOT.

Oh ! ces maris sont quelquefois si bêtes !...

HERMINGILDE.

Est-ce que vous n'avez pas fini de souper ?

AUBRIOT.

Si fait (*Ils se lèvent de table. Jérôme et Aubriot viennent sur l'avant-scène, Olivier et Geneviève emportent la table au fond à gauche,
Hermingilde disparaît un instant par la gauche ; Olivier et Geneviève restent au fond* * *A
Jérôme.*) Et nous pourrions maintenant étudier
ensemble.

JÉROME.

Il faut d'abord que je vous prévienne d'une
chose... je n'ai pas voulu vous le dire tout de
suite, pour ne pas attrister le souper.

* Jérôme, Aubriot.

AUBRIOT.
Qu'est-ce que c'est, compère?

JÉRÔME.
Tout-à-l'heure, comme j'ouvrais votre porte, des gens qui s'étaient embusqués dans la rue, se sont précipités à ma suite, et ont pénétré dans votre magasin.

AUBRIOT.
Des voleurs?

JÉRÔME.
A peu près... des créanciers... le juif Isaac et ses commis... Ils se sont établis chez vous, malgré moi!

AUBRIOT.
Eh bien?

JÉRÔME.
Ils ne veulent pas sortir qu'ils n'aient reçu les vingt écus d'or que vous leur devez.

AUBRIOT.
N'est-ce que cela?

JÉRÔME, à part.
Il paraît que cela ne lui fait rien.

AUBRIOT.
Geneviève!

GENEVIÈVE.
Mon oncle *.

AUBRIOT.
Descends deux bouteilles au magasin... prie Isaac et son monde de boire à ma santé... ça leur fera prendre patience.

GENEVIÈVE.
Oui, mon oncle.
(Elle sort en courant, après avoir pris les deux bouteilles; Olivier sort avec elle.)

SCÈNE XII.

JÉROME, AUBRIOT.

JÉRÔME.
Je ne reviens pas de votre tranquillité... lorsque les créanciers sont là!...

AUBRIOT.
Vous oubliez donc le grimoire que vous m'avez donné?

JÉRÔME.
Ah! oui.

AUBRIOT.
Ce livre qui contient...

JÉRÔME, à part.
Les œuvres de Virgile.

AUBRIOT, d'un ton pénétré.
Je l'ai ouvert!.. j'en ai prononcé quelques mots au hasard, sans les comprendre... et elle est apparue.

JÉRÔME.
Qui?

AUBRIOT, ôtant son bonnet.
Cornélia!.. (Jérôme ôte son bonnet) la sorcière, la diablesse.

JÉRÔME.
Allons donc!

* Jérôme, Aubriot, Geneviève, Olivier au fond.

AUBRIOT.
C'est par la puissance du grimoire.

JÉRÔME.
Allons donc!

AUBRIOT.
Ah! ça, est ce que vous n'y croyez pas?

JÉRÔME.
Si! j'y crois... aveuglément... comme quelqu'un qui n'a jamais vu...
(Hermingilde rentre apportant un rouet, et s'assied à droite.)

AUBRIOT.
Vous allez voir.

JÉRÔME, à part.
Parbleu! je suis curieux de savoir lequel de nous deux est un imbécille!

SCÈNE XIII.

OLIVIER, JÉROME, AUBRIOT, GENEVIÈVE, HERMINGILDE.

GENEVIÈVE.
Mon oncle, ces messieurs ont consenti à boire.

AUBRIOT.
Je m'en doutais bien.

GENEVIÈVE.
Mais ils ne veulent attendre que jusqu'à ce que les bouteilles soient finies, et ça ne tardera pas.

AUBRIOT.
Allons, ma femme, lève-toi... demande pour moi vingt écus d'or.

HERMINGILDE.
Quoi! vous voulez?..

AUBRIOT.
Si ça te contrarie, je vais y envoyer Geneviève.

HERMINGILDE.
Non, mais c'est qu'il me semble...

AUBRIOT.
Geneviève!

HERMINGILDE.
Non, je vais faire ce que vous désirez.

AUBRIOT.
Seulement, dépêche-toi.

JÉRÔME, regardant au plafond.
J'ouvre les yeux!

AUBRIOT.
Et moi, la main.

Air : Lui faire accroire... Ah! c'est terrible (3e acte, Part du Diable)

Notre protectrice invisible,
Va pour nous ouvrir son trésor.

HERMINGILDE.
Allons!... puisqu'il le faut! mon époux (à part) c'est
Voudrait avoir vingt écus d'or.   terrible!
(Une bourse lancée par l'œil-de-bœuf qui est au-dessus du laboratoire, tombe sur le théâtre.)

AUBRIOT, avec joie.
Les voilà! (Jérôme ramasse la bourse, l'ouvre, et compte les pièces.)

HERMINGILDE.

O ciel !

ENSEMBLE.

Suite de l'Air :

Je ne sais comment faire
Pour cacher mon effroi,
Car , hélas! le mystère
N'en est pas un pour moi !

LES AUTRES.

O prodige ! ô mystère !
Cet or-là , sur ma foi,
N'est point une chimère ,
Il est de bon aloi.

AUBRIOT, *à Jérôme.*

Le compte y est-il ?

JÉRÔME.

Non... il y a cinq pièces de trop.

AUBRIOT.

C'est que le diable s'est trompé.

JÉRÔME.

Tant pis pour lui. . comme on ne connaît pas
son adresse, on ne peut lui renvoyer ce qu'il y a
de trop...(*Il met les cinq pièces dans sa poche.*)
Ça blesserait peut-être sa délicatesse.

AUBRIOT, *prenant la bourse des mains de Jérôme*
et la remettant à Geneviève.
Va payer maintenant mes créanciers.

GENEVIÈVE.

Oui, mon oncle ! (*Fausse sortie.*) Ah ! .. (*Re-*
venant) C'est qu'ils disent aussi qu'il y a des
frais...

JÉRÔME , *avec indignation.*
Ils sont bien hardis !

AUBRIOT, *à Geneviève.*
Mets-les à la porte !

GENEVIÈVE, *s'en allant.*
Oui, mon oncle. (*Olivier la reconduit jus-*
qu'à la porte du fond.)

AUBRIOT.

S'ils font les méchants, je les renvoie sur un
dragon ailé.... ou bien à cheval sur un manche
à balai !

JÉRÔME.

Ce serait gentil !

AUBRIOT.

N'est-ce pas ?.. J'ai bien envie de m'en passer la fantaisie... Ma femme, si tu priais la sorcière....

HERMINGILDE.

Y pensez-vous ?.. Quelle folie ! ce serait abu-
ser de sa complaisance.

AUBRIOT.

Tu as raison... il vaut mieux obtenir quelque
chose qui nous profite... comme qui dirait une
place à la cour...

HERMINGILDE, *vivement.*
Il n'y en a pas de vacante.

AUBRIOT.

Ou des lettres de noblesse.

HERMINGILDE.

Par exemple !

JÉRÔME.

C'est une idée... j'ai toujours eu envie d'en
avoir.

AUBRIOT.

Vous, compère ?

JÉRÔME.

Il ne me manque que ça, avec mon air distingué;... et puisque l'occasion se présente, je
vais demander un titre pour moi.

AUBRIOT.

A qui ?

JÉRÔME.

A la sorcière !

AUBRIOT.

Imprudent !

OLIVIER ET HERMINGILDE.
C'est impossible !

JÉRÔME.

Pourquoi donc ?

AUBRIOT.

Il n'y a que les femmes qui puissent demander quelque chose à Cornélia.

JÉRÔME.

Bah ! un joli garçon !

HERMINGILDE.

N'y allez pas !

OLIVIER.

Vous seriez perdu !

JÉRÔME.

Je n'ai pas peur.

AUBRIOT.

Elle vous tordrait le cou sans pitié ! (*Il le re-*
tient.)

JÉRÔME, *s'échappant.*
C'est ce que nous allons voir ! (*Il s'élance*
vivement dans le laboratoire , dont la porte se
referme.) — (*Tremolo à l'orchestre*)

AUBRIOT, OLIVIER, ET HERMINGILDE.
O ciel !

SCÈNE XIV.

LES MÊMES, *moins Jérôme.*

AUBRIOT.

C'est fait de lui !

HERMINGILDE.

C'est fait de nous !

OLIVIER, *regardant Hermingilde.*
Comme elle tremble !

AUBRIOT.

Mon Dieu ! protégez—le !

HERMINGILDE.

Mon Dieu ! protégez-moi !

SCÈNE XV.

OLIVIER, HERMINGILDE , AUBRIOT, JÉRÔME.

(*Jérôme sort précipitamment du cabinet, pâle,*
et donnant des signes de la plus grande
frayeur ; il s'appuie contre le fauteuil à droite
et finit par s'y asseoir.) — (*Le tremolo s'ar-*
rête.)

AUBRIOT.

Il n'est pas mort !.. mais quelle figure !

OLIVIER.

Comme ses traits sont bouleversés !

HERMINGILDE, *à part.*

Je n'ose le regarder !

AUBRIOT, *à Jérôme.*

Eh ! bien ?... il paraît, compère, qu'elle ne vous a pas étranglé ?

JÉRÔME, *d'une voix étouffée.*

Je n'en vaux guère mieux ! Quelle rencontre !

AUBRIOT.

Je vous avais prévenu.

JÉRÔME, *poussant un gémissement.*

Hu !..

AUBRIOT.

Est-ce qu'il va se trouver mal ?.. Ma femme, si nous lui préparions un cordial pour le remettre ?

HERMINGILDE.

C'est que..... l'abandonner dans cet état-là....

OLIVIER, *à mi-voix.*

Soyez tranquille : je ne le perdrai pas de vue.

HERMINGILDE.

A la bonne heure... (*à Aubriot.*) Venez, mon ami, venez vite !

AUBRIOT, *en s'en allant.*

Aussi, c'est sa faute !.. Voilà ce que c'est que d'être entêté !

(*Ils sortent tous deux par la gauche. Jérôme fait un mouvement pour se sauver. Olivier lui barre le passage, tandis que le prince s'élance de l'endroit où il était caché.*)

SCÈNE XVI.

OLIVIER, JÉROME, LE PRINCE.

LE PRINCE.

Ah ! maître Jérôme, vous êtes curieux.

JÉRÔME, *tombant aux genoux du prince.*

Grâce ! grâce ! Monseigneur !

LE PRINCE.

Tu as vu ce que tu ne devais pas voir ; tu possèdes maintenant mon secret...

JÉRÔME.

C'est comme si je ne l'avais pas ; je vous promets de n'en rien dire. Je m'observerai si bien...

LE PRINCE.

Ça ne me suffit pas.... Pour être certain de ton silence, je te condamne à être muet.

JÉRÔME.

Muet !.. Monseigneur...

LE PRINCE.

Paix !.. Dès ce moment, tu as perdu la parole.

JÉRÔME.

Avec plaisir.

LE PRINCE.

Paix ! (*le menaçant.*) S'il t'échappe encore une syllabe ! (*Jérôme fait de la tête un signe négatif.*

A la bonne heure !... (*Invitant de la main Olivier à s'approcher *.* Et vous, jeune homme, qui vous trouvez mêlé à cette aventure, qui savez qui je suis, que je sache au moins qui vous êtes...

OLIVIER.

Marcel Olivier, clerc de la bazoche... (*Jérôme lève les épaules avec dédain.*)

LE PRINCE.

Et vous veniez en ces lieux ?..

OLIVIER.

Faire la cour à Geneviève. (*Jérôme fait entendre une espèce de grognement.*)

LE PRINCE, *à Jérôme.*

Silence !

OLIVIER.

Car je l'aime et j'en suis aimé !.... (*Jérôme fait entendre un nouveau grognement.*)

LE PRINCE.

Silence ! (*A Olivier, montrant Jérôme.*) A son dépit, j'ai lieu de croire que vous dites vrai.

OLIVIER.

Quelle preuve vous en faut-il encore ?

LE PRINCE.

Que vous épousiez Geneviève le plus tôt possible.

OLIVIER.

Dès que sa tante y consentira.

LE PRINCE.

Je me charge de la décider...... Faites que j'obtienne d'elle un moment d'entretien.

OLIVIER.

J'y tâcherai, Monseigneur.

LE PRINCE.

Ça vous regarde... elle va venir...... (*A Jérôme.*) N'oubliez pas que je suis là ! (*Jérôme s'incline respectueusement. Le prince va se cacher derrière le rideau de la croisée qui est au fond. Jérôme, resté sur le devant du théâtre, continue de faire des grimaces et de marronner entre ses dents.*)

SCÈNE XVII.

OLIVIER, AUBRIOT, JÉROME, *puis* HERMINGILDE.

AUBRIOT, *tenant un verre à la main.*

Prenez cela, compère : c'est un calmant. (*Jérôme, qui s'est assis dans le fauteuil à droite, prend le verre et avale tout d'un trait.*) Et, maintenant, racontez-moi ce qui vous est arrivé.... je vous écoute... hein ! (*Jérôme fait un signe négatif.*) Qu'est-ce encore qui vous arrête ? (*Nouveaux signes de Jérôme, qui regarde à plusieurs reprises du côté où le prince est caché.*)

HERMINGILDE, *s'avançant avec précaution **.*

Je ne puis résister à mon inquiétude... (*A Jérôme.*) Comment vous trouvez-vous ? cela va-t-il mieux ? (*Jérôme se tait.*)

AUBRIOT, *se retournant et apercevant sa femme.*

Je comprends : c'est ma femme qui vous em-

----

* Olivier, le Prince, Jérôme.
** Olivier, Hermingilde, Aubriot, Jérôme.

pêche de parler. (*Le prenant par le bras et l'attirant à droite sur le coin du théâtre.*) Venez par ici... et répondez-moi... (*Nouveaux signes négatifs de Jérôme. Aubriot lui secoue le bras.*) Répondez-moi donc !

OLIVIER, *à Aubriot* *.

Il ne le peut pas, l'infortuné !... il expie son imprudence.

AUBRIOT.

Comment ?

OLIVIER.

La fille d'enfer lui est apparue, dans une horrible colère !

AUBRIOT.

Ça ne m'étonne pas. (*Jérôme fait un signe de tête affirmatif.*)

OLIVIER.

Elle voulait lui tordre le cou... et si elle ne l'a pas fait, c'est par égard pour vous, pour qui elle a beaucoup d'estime.

AUBRIOT.

Bonne diablesse !

OLIVIER.

Mais pour le punir, elle l'a rendu muet **.

AUBRIOT.

Ah bah !.. (*A Jérôme.*) Vous seriez muet ?

JÉRÔME, *faisant des signes affirmatifs.*

Heu ! heu ! heu !

AUBRIOT.

Tout ce qu'il y a de plus muet ?... lui qui avait une si belle voix quand il s'écriait : Monsieur le Duc !... Monsieur le Comte !... (*Se ravisant.*) Eh ! mais, voilà une place vacante... il faut la demander pour moi.

HERMINGILDE.

Monsieur !...

AUBRIOT.

Puisqu'il ne peut plus exercer...

OLIVIER.

Non, sans doute.

AUBRIOT.

Il est naturel que je me présente.

HERMINGILDE.

Vous, son ami ?

AUBRIOT.

Justement, il vaut mieux que ce soit un ami... (*A Jérôme.*) N'est-ce pas ? (*A sa femme.*) Il fait la grimace, il ne comprend pas sa position... il est mécontent !

HERMINGILDE.

Il a raison... Chercher à le supplanter, ce ne serait pas délicat.

AUBRIOT.

Ta ra ta ta... tu ne connais pas l'usage... il faut profiter de la circonstance.

OLIVIER.

Ce sera d'autant plus facile que la sorcière veut avoir ici un entretien avec madame.

HERMINGILDE, *émue.*

Avec moi ?

OLIVIER.

Elle apparaîtra dès que vous serez seule.

* Hermingilde, Olivier, Aubriot Jérôme.
** Olivier, Hermingilde, Aubriot, Jérôme.

AUBRIOT.

Elle a dit ça ?

JÉRÔME, *faisant un signe affirmatif.*

Heu ! heu ! heu !

AUBRIOT.

Quel bonheur !

HERMINGILDE, *à part.*

Quelle audace !

AUBRIOT.

J'espère que tu ne te refuseras pas à cette entrevue.

HERMINGILDE.

Eh bien !... j'y consens !

AUBRIOT.

Merci, chère amie... Fais en sorte que je sois pourvu.

OLIVIER, *à part.*

Il mérite de l'être.

AUBRIOT, *à sa femme.*

Air de Chasse, de Monpou.

Allons, pas de scrupules,
Ils seraient ridicules,
Fais un petit effort...
D'après ce qui se passe
　(*Montrant Jérôme.*)
Je puis prendre sa place
Sans lui faire de tort...
Déployer sa faconde
Pour annoncer le monde,
N'est plus du tout son lot :
Car, jusqu'à l'évidence
Il est muet je pense...

Jérôme, impatienté et en colère, lui donne un coup de poing. Aubriot se frotte l'épaule.

Mais il n'est pas manchot !

ENSEMBLE.

Allons, pas de scrupules, etc.

OLIVIER, *à part.*

La femme a des scrupules
Qui semblent ridicules
A l'époux, esprit fort !
Mais qu'il craigne l'audace
D'un autre qui menace
De lui faire du tort !

HERMINGILDE.

Je vois que mes scrupules
Lui semblent ridicules...
Mais, en dépit du sort,
Du devoir, quoi qu'on fasse,
Je veux suivre la trace,
Et le prince aura tort.

Jérôme, pendant l'ensemble, témoigne son mécontentement. Il sort emmené par Aubriot et Olivier.

SCÈNE XVIII.

HERMINGILDE, *puis* LE PRINCE.

HERMINGILDE, *allant vivement vers la porte du laboratoire, dont elle se hâte de tourner la clef.*

Ah !... maintenant je n'ai plus rien à craindre ! (*A travers la porte.*) Monseigneur, n'expo-

sez pas plus longtemps votre nom et le mien...
Partez par la petite porte qui donne sur le jar-
din... voici la clef... (*Elle la jette dans le cabinet
par l'œil-de-bœuf.*) Adieu ! oubliez-moi, car je
ne vous reverrai jamais, je vous le jure, et je
tiendrai mon serment.

LE PRINCE, *qui a quitté sa cachette* *.

Je ne crois pas.

HERMINGILDE, *se retournant.*

Est-il possible !... Monseigneur, vous êtes
donc sorcier ?

LE PRINCE.

Non... mais je vous aime... et suis si heureux
de me trouver près de vous...

HERMINGILDE.

Je vous ai déjà dit que je ne pouvais vous
écouter !

LE PRINCE.

C'est cependant ce que vous faites en ce moment.

HERMINGILDE.

Bien malgré moi, je vous le jure !

LE PRINCE.

Je le sais... mais je triompherai de votre
cruauté... car je ne veux de vous, rien que votre
amitié !

HERMINGILDE, *à part.*

Il a l'air de bonne foi... si j'étais sûre qu'il ne
voulût pas autre chose...

LE PRINCE.

Vous hésitez ?... Oh ! je ferai si bien que je
parviendrai à vous convaincre.

HERMINGILDE.

Nous verrons !... Mais, si vous m'aimez, partez !... je vous en supplie !

LE PRINCE.

Ce ne sera pas du moins sans avoir accordé à
votre mari ce que vous refusez de me demander : car, avec moi, vous craignez jusqu'à la
reconnaissance.

HERMINGILDE, *à part.*

C'est vrai.

LE PRINCE.

Air de M. Eugène Déjazet.

Et . maintenant . de mon obéissance,
Quand je suis prêt à m'éloigner , hélas !
Puis-je espérer la juste récompense ?...
Vous vous taisez ?...

HERMINGILDE.

Je ne vous comprends pas.

LE PRINCE.

Sur cette main , ah ! daignez le permettre ,
(*Hermingilde recule.*)
Un seul baiser !... heureux, je vais partir !

HERMINGILDE, *à part.*

S'il reste encore , il va me compromettre ;
Pour l'éloigner , il faut bien consentir.
(*Le prince l'embrasse.*)

HERMINGILDE.

C'est de la tyrannie ! Vous abusez de ma position !

LE PRINCE.

Je profite seulement de la mienne.

* Le Prince, Hermingilde.

HERMINGILDE.

Mais vous m'aviez promis de partir ?

LE PRINCE, *lui baisant la main.*

Aussi, je pars !

HERMINGILDE.

Au nom du ciel !

LE PRINCE,

Que vois-je ! à votre bras le bijou que je vous
avais donné !... ce bracelet que vous disiez avoir
brisé !

HERMINGILDE.

C'était mon intention... je devais le briser
ce soir.

LE PRINCE.

Non , vous m'avez trompé ! vous essayez de
me tromper encore !... Ce gage d'un amour ten-
dre et respectueux , vous avez voulu le garder
par pitié, par un autre sentiment, peut-être !

HERMINGILDE.

Monseigneur...

LE PRINCE.

Ne m'ôtez pas cet espoir... Vous le voudriez
en vain... votre émotion... votre trouble , vos
regards même, tout m'apprend que je suis le
plus heureux des hommes !

HERMINGILDE, *à part.*

Comment l'éloigner maintenant? (*On entend
la voix d'Aubriot.*) O ciel ! mon mari !

LE PRINCE, *à mi-voix, en passant.*

Je réponds de tout, si vous feignez de ne pas
me connaître *.

SCÈNE XIX.

HERMINGILDE, AUBRIOT, LE PRINCE.

AUBRIOT.

Qu'est-ce que ça signifie? Quel est cet étran-
ger ?

HERMINGILDE.

Je l'ignore.

AUBRIOT.

Comment ?

HERMINGILDE, *avec embarras.*

Je ne comprends rien à ce qui m'arrive.
Tout-à-l'heure, j'étais entrée dans cette galerie, comme vous me l'avez ordonné; j'avais
demandé pour vous à la sorcière des lettres de
noblesse, et une charge à la cour...

AUBRIOT.

Eh bien ?

HERMINGILDE.

Eh bien !... à peine rentrée dans cette pièce,
je me retourne, et j'aperçois monsieur... que je
ne connais pas.

AUBRIOT.

C'est singulier !... Qui êtes-vous, Monsieur ?

LE PRINCE.

Quelqu'un qui professe pour vous la plus
haute estime, et qui a voulu vous en donner
une preuve... (*Il lui remet un parchemin.*)

* Hermingilde, le Prince.

AUBRIOT, *le prenant, et après avoir lu.*

Que vois-je ! des lettres de noblesse !... une charge à la cour !... la signature de notre duc !... (*Regardant le Prince.*) Le Prince, peut-être ?...

LE PRINCE.

Lui-même, qui depuis longtemps avait entendu parler de maître Aubriot le tapissier, et qui voulait demain lui faire une commande pour un de ses appartements royaux.

AUBRIOT.

Que de bonté !

LE PRINCE.

Mais, ce soir, en revenant de la chasse, et en passant près de votre maison, je me suis senti attiré par un pouvoir inconnu...

AUBRIOT, *à part.*

Que je connais très-bien, moi...

LE PRINCE.

Et je suis entré... sans trop savoir où je portais mes pas.

AUBRIOT.

Asseyez-vous, Monseigneur... (*A sa femme.*) Approche donc un siège.

LE PRINCE.

C'est inutile.

AUBRIOT.

Il faut que vous vous y reposiez quelques instants... (*Avec exaltation.*) Le Prince dans ma maison !... quel honneur ! Merci, Cornélia ! Cornélia, merci !

HERMINGILDE.

Modérez-vous, de grâce !

AUBRIOT.

Du tout !... comme tu prends froidement la chose !... Tu ne sais donc pas comme c'est flatteur pour moi.. (*Remontant le théâtre et élevant la voix.*) Mes amis, le Prince !... le Prince est chez nous !

HERMINGILDE.

Mais, taisez-vous donc !

AUBRIOT.

Non... je veux proclamer mon bonheur... il me déborde... je veux qu'il soit connu de tous !

LE PRINCE, *à Hermingilde.*

Ne lui ôtez pas ce plaisir là !

AUBRIOT.

Merci, mon prince ! (*A part.*) Qu'il est généreux ! qu'il est aimable ! (*Haut.*) Par ici, mes amis ! par ici !

SCÈNE XX.

JÉROME, OLIVIER, GENEVIÉVE, AUBRIOT, HERMINGILDE, LE PRINCE.

OLIVIER.

Qu'est-ce ?... Qu'y a-t-il ?.. Que voulez-vous ?

AUBRIOT.

Je veux que vous preniez part à ma joie, à mon avancement, à ma fortune !... Je suis comblé... comblé de toutes les manières. (*Jérôme hausse les épaules et murmure entre ses dents.*) Le Prince dans ma maison !... et il m'accorde des lettres de noblesse... une charge de gentilhomme tapissier, et un appartement au palais, sous le même toit que son Altesse !

(*Jérôme hoche la tête.*)

HERMINGILDE.

Monsieur !...

AUBRIOT.

C'est plus que je n'osais espérer... c'est mille fois plus, et j'ai hâte d'entrer en fonctions...

(*Jérôme sourit de pitié.*)

HERMINGILDE.

Mais votre commerce, votre magasin ?...

AUBRIOT.

Que m'importe ?

LE PRINCE.

Vous les laisserez à votre commis, maître Olivier, auquel nous accordons la main de Geneviève, une dot et notre pratique.

(*Geste de mécontentement de Jérôme.*)

GENEVIÈVE, *sautant de joie.*

Que de bonté !

AUBRIOT, *à mi-voix à sa femme.*

Tu avais donc parlé pour eux à Cornélia ?

HERMINGILDE, *avec hésitation.*

Sans doute, mon ami.

AUBRIOT.

Excellente femme !... elle pense à tout !... Quel trésor j'ai là !

OLIVIER, *regardant Geneviève.*

Et moi, donc !

AUBRIOT, *à Olivier, lui frappant sur l'épaule.*

Tapissier de la cour !

OLIVIER.

Oh ! ce n'est pas ce qui me flatte le plus !

AUBRIOT, *à part.*

Oui, mais il faut au moins que je la prévienne... le futur ne me paraît pas très.... il sent un peu le fagot... (*Il fait signe à Geneviève de s'approcher et lui parle à l'oreille.*)

GENEVIÈVE.

Ça ne me fait rien : je l'épouse tout de même.

AUBRIOT, *à part.*

Il faut qu'elle ait le diable au corps ! Au surplus, ça la regarde... Il n'y a que ce pauvre compère... il doit faire en ce moment une laide grimace ! (*Jérôme s'efforce de sourire.*) Mais, non ! il sourit... autant que sa figure peut s'y prêter... Dis donc, ma femme, notre ami prend bien la chose, et pour le dédommager, tu devrais essayer de...

HERMINGILDE.

Je ne demande pas mieux... (*Elle passe du côté du laboratoire.*) Et je suis sûre (*Regardant le Prince.*) que le pouvoir qui règne ici ne refusera pas de lui rendre la parole.

LE PRINCE.

Vous croyez ?.. (*Il lance un regard sur Jérôme, qui, en plaçant son doigt sur ses lèvres, exprime qu'il sera discret.*

HERMINGILDE, *regardant le Prince.*

Il me semble que j'ai entendu : oui !

LE PRINCE, *se penchant comme pour écouter.*

En effet... oui !

JÉRÔME.

Ah ! Monseigneur !

AUBRIOT.

Il parle !.. C'est admirable, un pouvoir comme celui-là... et dire que c'est moi, que c'est ma femme... que, tous deux, nous avons le diable à nos ordres !...

JÉRÔME.

Que de faveurs vont pleuvoir sur votre tête !

AUBRIOT.

Seulement, je vous demande à tous deux le secret ; il ne faut pas qu'on sache que Belzébuth...

JÉRÔME.

Soyez tranquille !

OLIVIER, *à mi-voix*.

Le pauvre homme !.. il se croit ensorcelé... et il n'est que...

JÉRÔME, *à voix basse*.

Veux-tu... te taire !

CHOEUR FINAL.

Air ; Des jours de la jeunesse (2ᵉ acte, *Part du Diable*).

Pour moi / lui quel sort prospère !

Le diable est mon / son ami ;

Il n'est rien qu'on n'espère
Avec un tel appui.

FIN.

IMPRIMERIE DE A. HENRY, RUE GIT-LE-COEUR, 8.